EXEGESIS OF A RENUNCIATION.

The works included in this publication were realized in 2013–14
Photographs by Egidio Marulla

Printed by Lightning Source, Milton Keynes
in an endless edition (version 141014)
ISBN 978-94-91914-02-7

Uitgeverij, Den Haag
Shtëpia Botuese, Tiranë
Editore, Caprarica di Lecce

www.uitgeverij.cc

FRANCESCO APRILE,

Exegesis of a Renunciation.

Esegesi di una rinuncia.

:

My thanks go to Elisa Carella, Francesco Saverio Dòdaro, Bartolomé Ferrando, Cristiano Caggiula, and Egidio Marulla.

Esegesi di una rinuncia:
Elementi per un desiderio di linguaggio

« haleine y ps y pour / pour une âme bien muette / my mu été / muette / parole / absente »

Emilio Villa, *hisse toi re d'amour da mou rire,* Torino: Geiger, 1975

1.

#communication#abse
nte#unheimlich#rinun
cia#poltiglia#slurry#po
em#subliminaux#morc
eau#sexe#oublié#renco
ntre#de_langue#interru
pt#das#ding#miroir#na
rcissus#words#extensio
ns

2.
La scrittura come movimento. Il rapporto che intercorre fra autore e gesto e contenuto si esplica, fra le diverse declinazioni, nel piano vitale del movimento. L'apparato segnico che procede, dunque, dall'immagine, si relaziona al movimento perché è ciò che è insito nell'immagine e nel costrutto percettivo dell'attore sociale. La parola è mediatica e si nutre, nelle sue affermazioni storiche, dell'immagine, dalle forme del paleolitico ad oggi. La separazione mcluhaniana fra segno immagine e suono retrocede nell'afflato contemporaneo in seno ad un approccio transmediale che connota le scritture di ricerca di nuovi piani restituendole ad un processo vitale, dunque al movimento, al di là dello spazio della separazione che è nel processo di lutto, per questa stessa separazione, individuato dal sociologo canadese.

3.
Matrice del movimento è la forma del desiderio che nelle sue declinazioni connota l'elemento pulsionale, cardine, del linguaggio nella sua tensione di raccordo, di rapporto e *congiunzione*[1] per quella

1 DÒDARO, F.S., *Dichiarazione onomatopeica,* Lecce: Ghen Arte «Il linguaggio è una congiunzione. Il linguaggio è una "e"».

manque à être come causa primaria per la *separazione del soggetto dal complemento materno*.[2] Non una "pretesa di", ma un "desiderio di", come movimento desiderante.

4.
Il passaggio da modalità di ipo-comunicazione a contesti di iper-comunicazione segna il processo di irritazione e risposta intellettuale come inibizione sentimentale. Il desiderio è oggettivato, l'Altro entra in un processo di destituzione, di svestizione.

5.
L'estensione del corpo da parte dei media, in un trittico Freud-Lacan-McLuhan, si riaffaccia nei *new media* come amplificazione estrema e artificiosa del *miroir* primario, archetipo, maternale (il primo media: il corpo della madre). L'attore sociale è narcotizzato nella proiezione della proiezione di sé, del numero come elemento inconscio, intimo e legato al senso del tatto (l'incontro, il contatto). La torsione psichica e sociale che ne consegue è una comunicazione interrotta nelle proiezioni delle proiezioni delle nostre intimità nelle scorrerie

2 DÒDARO, F.S., *Codice Yem*, Lecce: Ghen Arte.

numeriche della nuova comunicazione. L'Altro è barrato. Coazione a ripetere di tentativi archetipi, antichi, intimi, individuali ed anche collettivi perché universali, di ricongiunzione affiorano in maniera scomposta e nervosa, nevrotica e morbosa: conflittuale.

5.1
La narcosi sociale.

6.
Esegesi di una rinuncia. È la cognizione di una lingua a volte incompiuta, non affiorata, rinunciata e che rinuncia a condizionarsi lungo le coordinate dell'emerso e inconsapevole perché poco desiderante. Una scrittura come desiderio di linguaggio, magmatica perché incompiuta e inaffiorata, ancorata alla matrice del guazzabuglio originario, archetipo, che sfonda la bordatura della *das Ding* per lanciarsi nel movimento desiderante che appartiene al contatto dialettico della comunicazione, della pulsione "primaria" del linguaggio.

6.1
La pervasività mass-mediale come interruzione del rapporto con l'Altro, prima rimbaudiano poi

lacaniano. Il linguaggio frana lungo i binari di una comunicazione interrotta. Le relazioni sociali come luogo privilegiato dell'azione dei grandi poteri che nel salto paradigmatico da un assetto sociale ad un altro diverso, immateriale, scavalcano la possibilità per l'attore sociale di costituirsi come soggetto storico, lungo i tratti di una fluidità immateriale che di continuo nasconde l'obiettivo allo sguardo collettivo.

7.

In questo contesto ritroviamo alla base del linguaggio poetico alcune tipologie di parole. Di queste, due paiono presentarsi o come parole subliminali – che si nutrono dell'apparato giornalistico-pubblicitario – o macerate, fattesi poltiglia causa comunicazione interrotta. Queste ultime si sostanziano come un morso di godimento dimenticato, che in pulsione, incontrando i limiti del corpo, pare scorgere il corpo stesso, al di là del corpo performativo, come luogo privilegiato, attraverso il linguaggio, del discorso artistico. La parola è macerata sulla pagina. È una poltiglia, è al capovolgimento semantico del corpo dell'Altro, inteso come punto nullo dal quale partire per fare esperienza di sé e del mondo, nella rilevazione della sua interruzione.

8.
Una scrittura come desiderio di linguaggio. Una scrittura del tondo archetipo, non del "resto" come fondamento ordinativo-repressivo della civiltà.

9.
Das Unheimliche freudiano. Il perturbante. Ciò che è inaffiorato, nascosto ma vicino, in casa, che potrebbe affiorare. Qui proposto come pratica autorale, eppure traslato. *Unheimlich*. Visto in quello stesso linguaggio così vicino, eppure nascosto perché inaccessibile, familiare perché in noi, in casa, ma perturbante perché ancorato all'inaccessibile esperienza primaria.

10.
Il fantasma di tale godimento perduto, di tale linguaggio smagnetizzato, si propone come le diverse articolazioni storiche che la parola in questo contesto vede realizzarsi. Il linguaggio artistico come pratica estetica della parola macerata, dell'isolamento dell'uomo, un linguaggio-poltiglia fattosi

contrazione estetica, fantasma d'un residuo, di godimento, di linguaggio, di desiderio.

– Francesco Aprile

Exegesis of a Renunciation: Elements for a Desire of Language

« haleine y ps y pour / pour une âme bien muette / my mu été / muette / parole / absente »

Emilio Villa, *hisse toi re d'amour da mou rire,*
Turin: Geiger, 1975

1.

#communication#abse
nte#unheimlich#rinun
cia#poltiglia#slurry#po
em#subliminaux#morc
eau#sexe#oublié#renco
ntre#de_langue#interru
pt#das#ding#miroir#na
rcissus#words#extensio
ns

2.
Writing as movement. The relationship that intervenes between author, gesture, and content is expressed, through different declensions, on the vital plane of movement. The semiotic apparatus that proceeds, therefore, from the image, as relation to movement, because it is what is inherent to the image and to the perceptive construct of the social actor. The word is mediatic and, throughout its historical affirmations, has nurtured itself through images, from the Palaeolithic forms to more modern times. In the contemporary afflatus, the McLuhanian separation between sign, image, and sound recedes, engulfed by a transmedial approach which enriches research papers with, according to the Canadian sociologist, greater vitality, and thus despite the loss of continuity caused by the spatial separation, with a stronger sense of movement.

3.
The matrix of movement is a form of desire which, in its various declensions, denotes the cardinal, pulsating element of language as it is torqued by diverse links, relations, and *conjunctions*[1] owing to

1 DÒDARO, F.S., *Dichiarazione onomatopeica*, Lecce: Ghen Arte

a *manque à être* the primary cause for the *separation of the subject from the maternal complement.*[2] We are not dealing with a "pretext for" but with a "desire for" movement towards the expression of desire.

4.
The passage from a modality of hypo-communication to a context of hyper-communication signifies our increasing frustration and hinders all emotion by rendering our response merely intellectual. Desire is objectified and what is Other becomes part of a process of disclosing, of uncovering, of *dénouement*.

5.
The way in which the media have extended the human body into a sort of Freud-Lacan-McLuhan triptych is foregrounded in the new media as an extreme and artificial amplification of the primary, archetypal, maternal *miroir* (the primary medium: the body of the mother). The social actor is thus narcotized both by the projection of his own self-image and by the emergence of a number of

....

"Language is a conjunction. Language is an 'and.'"

2 DÒDARO, F.S., *Codice Yem*, Lecce: Ghen Arte.

intimate, subconscious elements all linked to the sense of touch (physical contact). The resulting social and psychic torsion points to a form of interrupted communication in the projection of the projection of our intimate being, largely owing to the numerous attacks made by modern day media. The Other is barred. Thus, the tendency to repeat ancient, intimate, individual and collective (or rather universal) archetypal patterns of reunion, comes to the fore in a way that is both erratic and strained, neurotic and morbose, in other words: conflictual.

5.1
Social narcosis.

6.
Exegesis of a renunciation. It implies understanding an unfinished, unpolished language,a discarded language which, lacking in desire, ignores the boundaries of both conscious and subconscious guidelines. A written language seen as a magmatic, incomplete, and imperfect language, a form of communication anchored to the matrix of the original, archetypal chaos which goes beyond the limits of *das Ding*. A form of writing catapulted

towards the expression of desire as a means of adhering to the dialectical contact of communication, to the “primary” impulse of language.

6.1
The ubiquity of mass-media today as interruption of the relation with the Other, first Rimbaudian, then Lacanian. Language derails and falls apart when there is an interruption in communication. Social relations as the privileged sphere of action of the great powers, which in paradigmatic leaps from one social attitude to another different, immaterial one, deny the social actor the possibility of becoming a subject of history. Such social relations are characterized by this immaterial fluidity which obscures the goal from the collective view.

7.
Different types of words may be found at the heart of poetic language in this context. Among these words, two types stand out as being either subliminal – nurtured in journalism and advertising – or abused, having become meaningless mash (following a breakdown in communication). The latter terms seem to be a remainder of forgotten pleasure which, while pulsating, meets the limits

of the body and perceives the body as something beyond a performing body, as the privileged seat for communication in the language of art. Words are crushed onto the written page. Language becomes mash. The semantic structure of the Other's body is overturned, now seen as the zero point from which the individual experience of the self and of the world, through numerous stops and starts, sets forth.

8.
Writing as a desire for language. A written form of archetypal roundness, not of "the remainder," as the ordering-repressive foundation of civilization.

9.
The Freudian *Unheimliche*. The disturbing. What has not yet emerged, what is hidden but near, at home, what might yet surface. Here proposed as authorial practice, albeit translated. *Unheimlich*. Seen in that same language so close, yet hidden because inaccessible, familiar because within us, at home, but disturbing because anchored to the inaccessible primary experience.

10.
The phantasm of a long-lost pleasure, of such a de-magnetised language, proposes itself as different historical articulations, that speech in this context sees to realize. Artistic language as aesthetic practice of abused words, man's isolation, a language-mash that has become aesthetic contraction, the phantasm of a residue, of pleasure, of language, of desire.

– Francesco Aprile

L[illegible]

S[illegible]

[illegible]

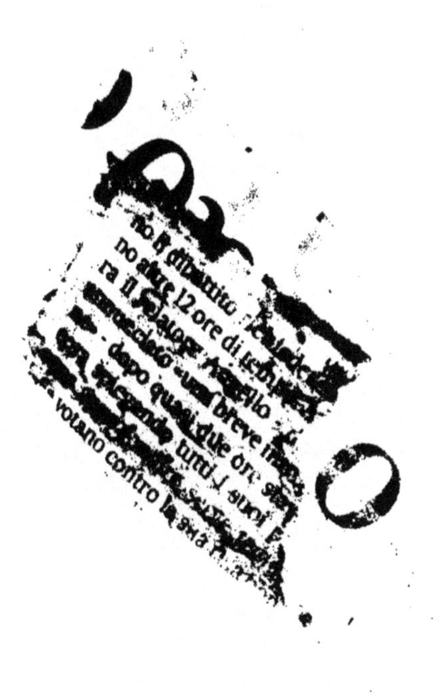
no il dibattito
no oltre 12 ore di
dopo quasi due ore
contro la sua

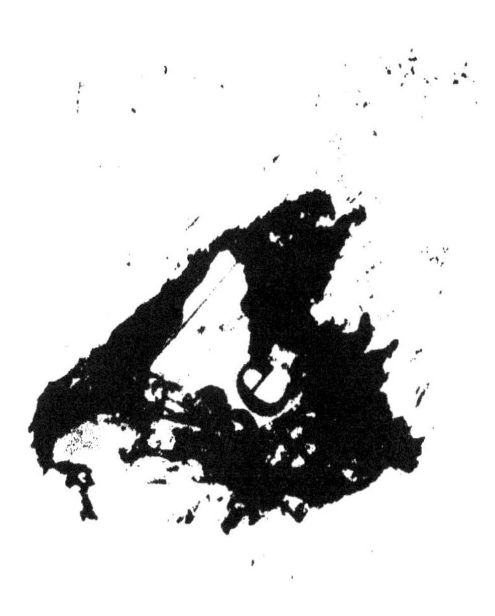

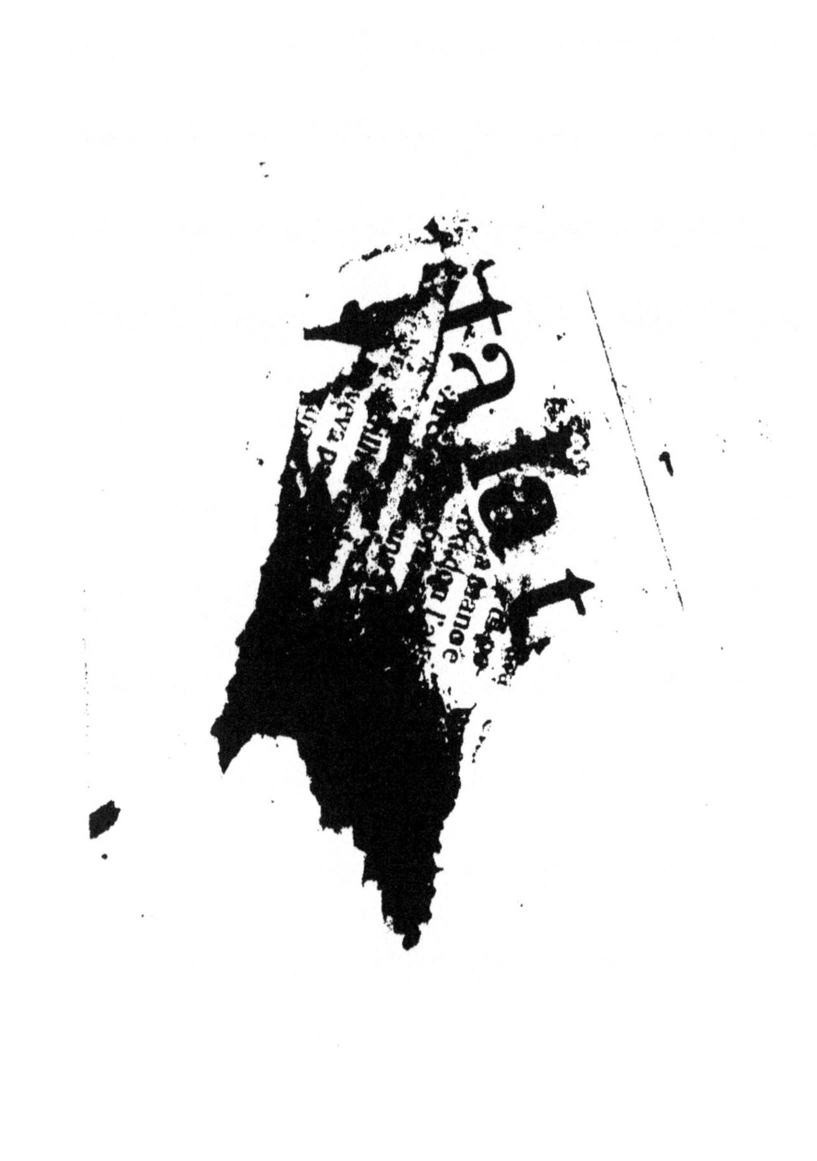

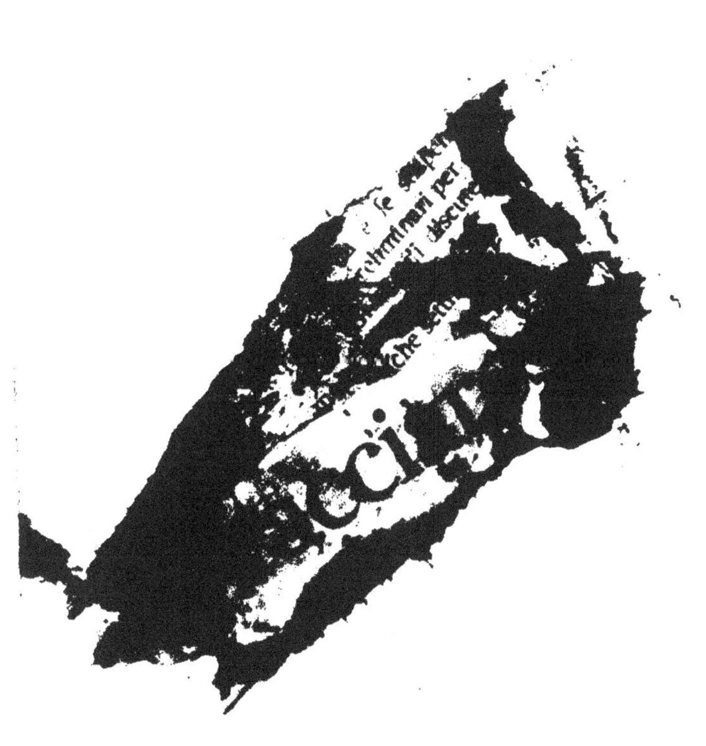

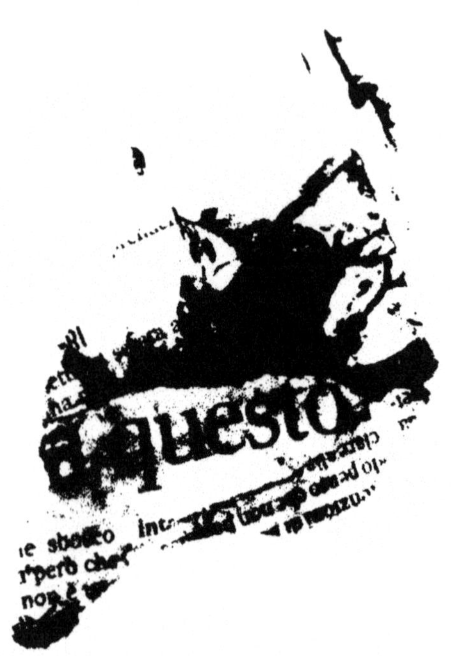

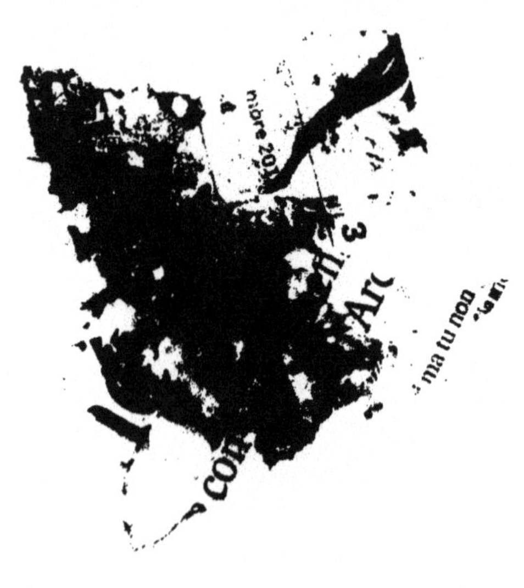

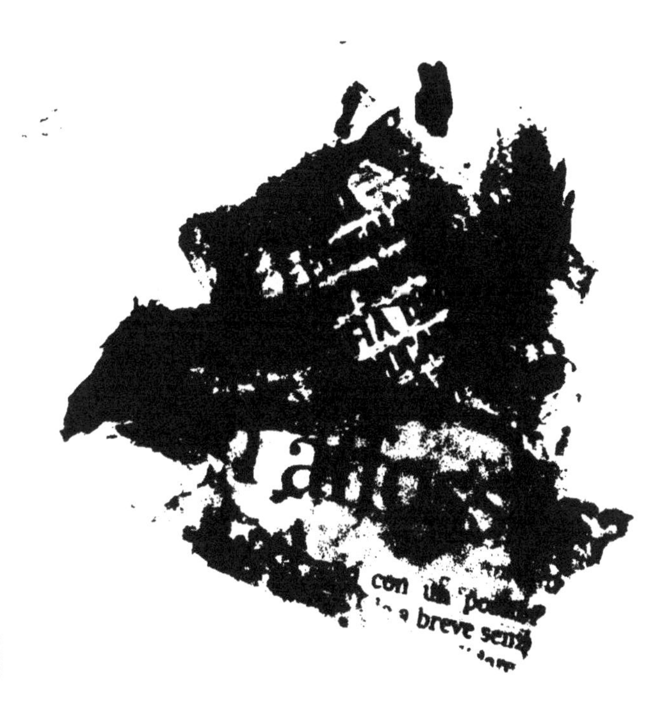

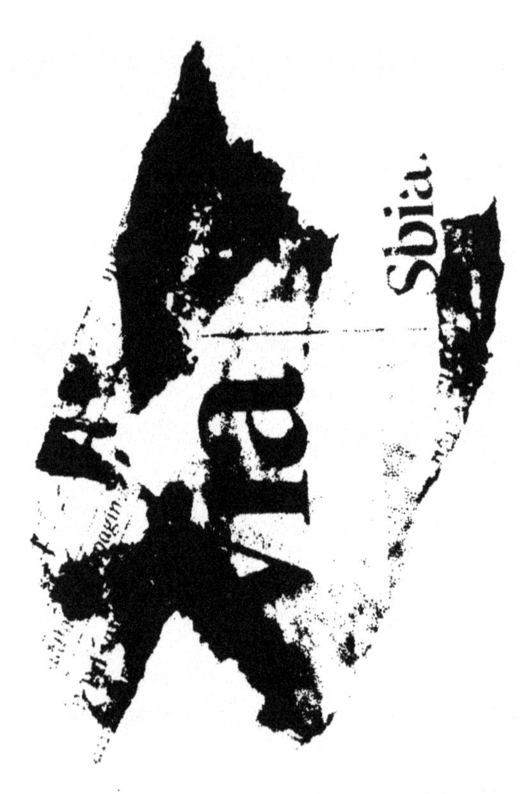

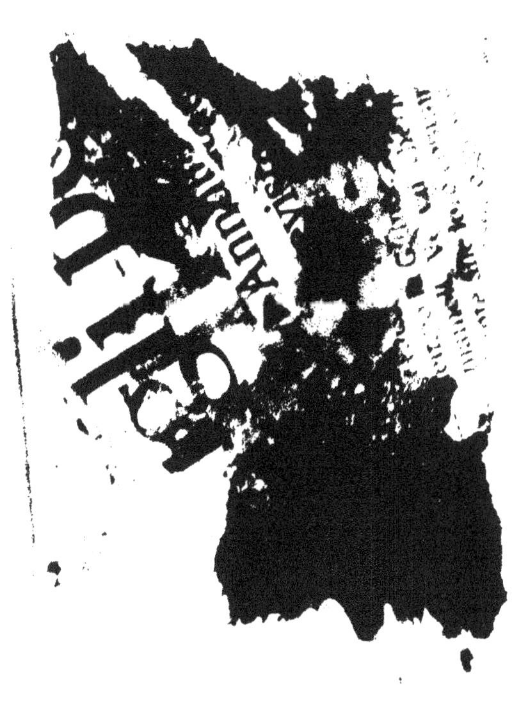

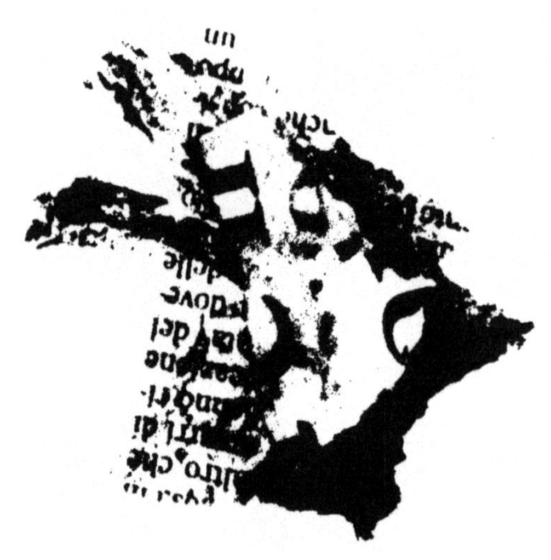

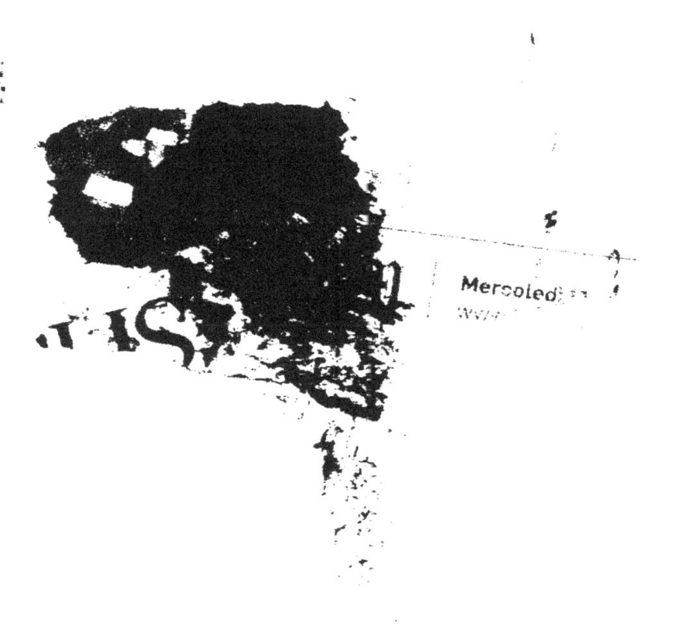

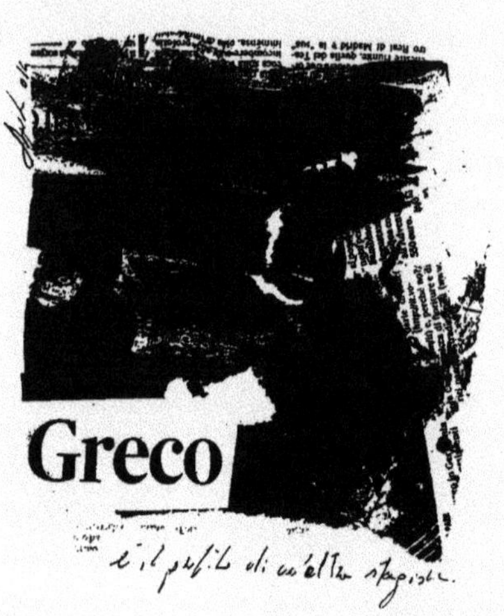
Greco

CONFLITTUALITA

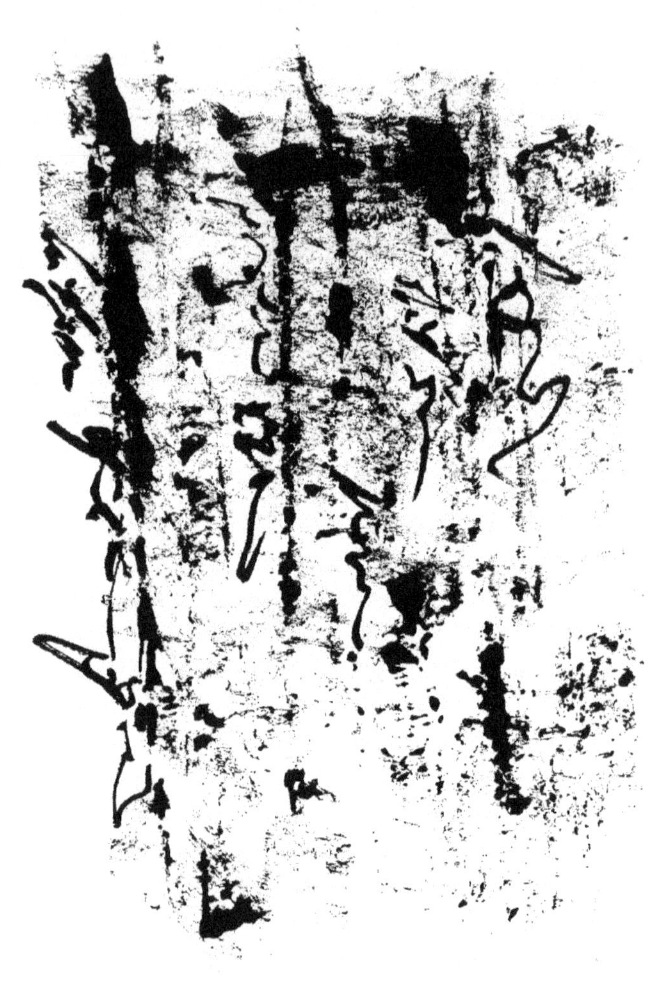

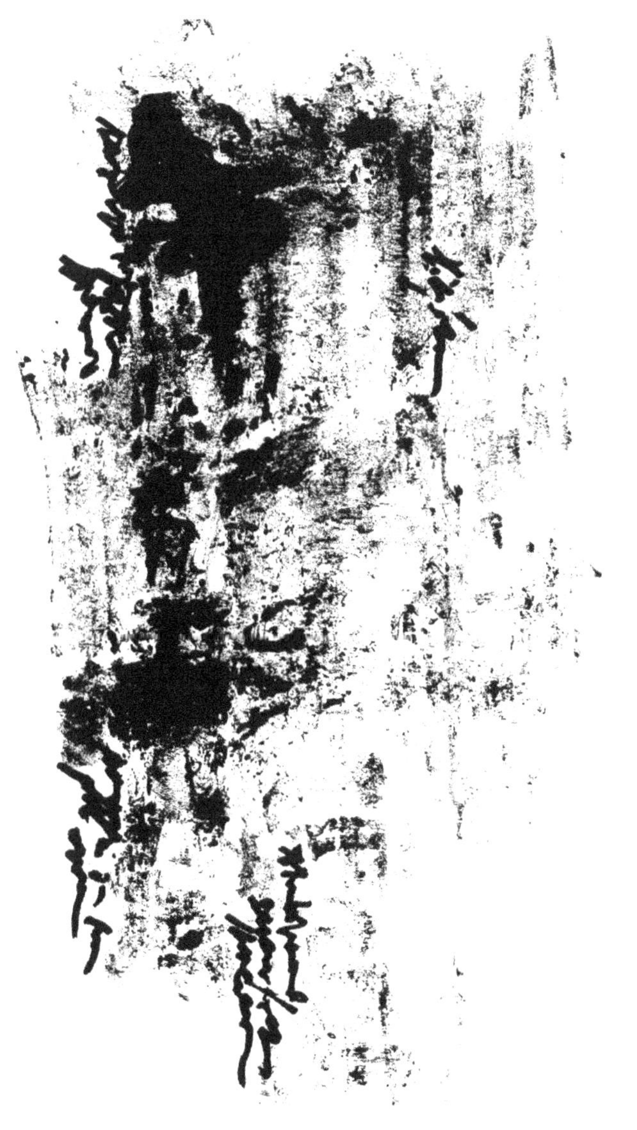

Marx

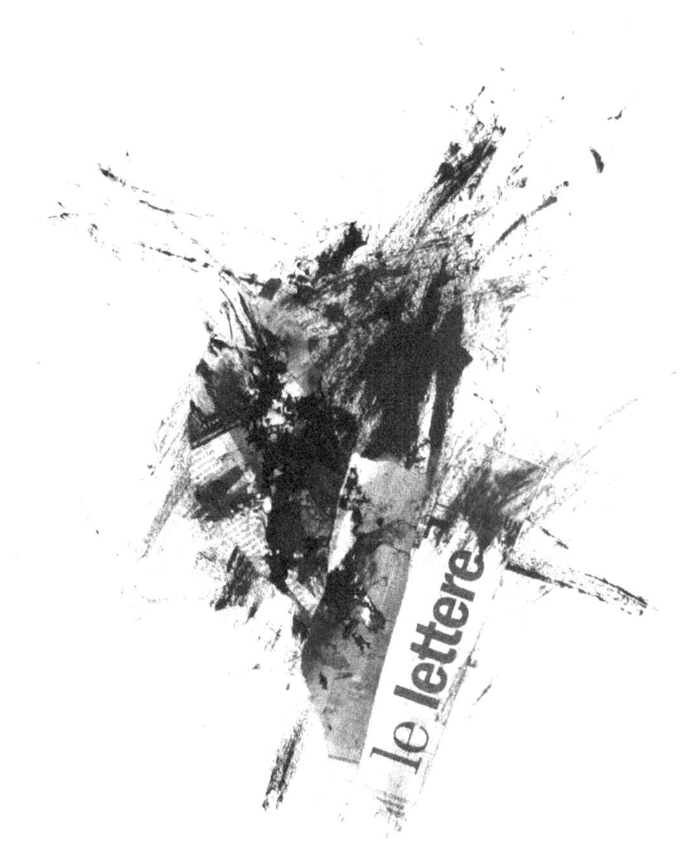
le lettere

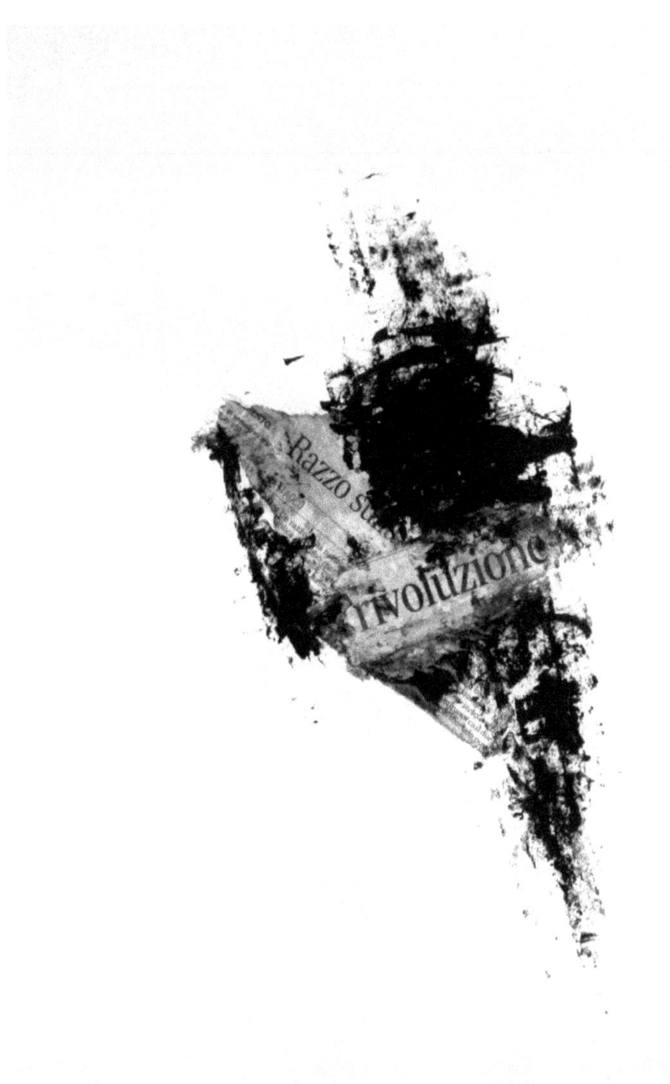
Razzo su
rivoluzione

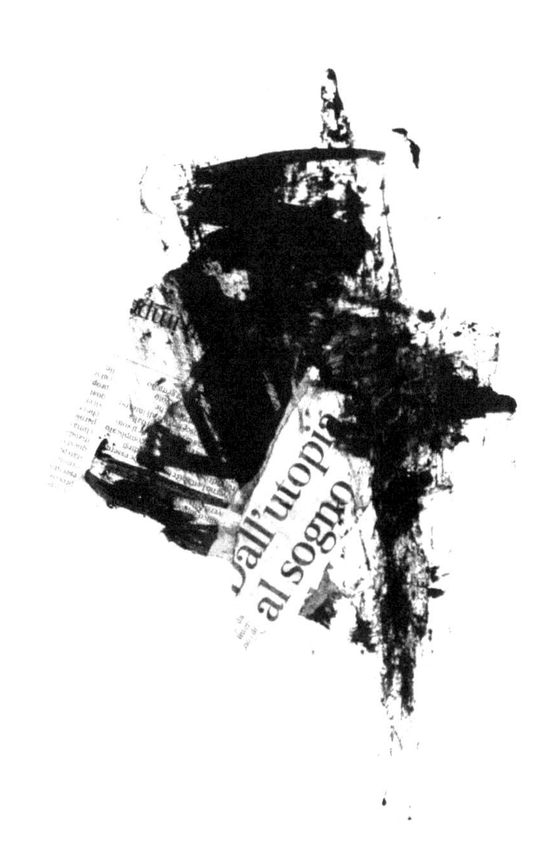
all'utopi
al sogno

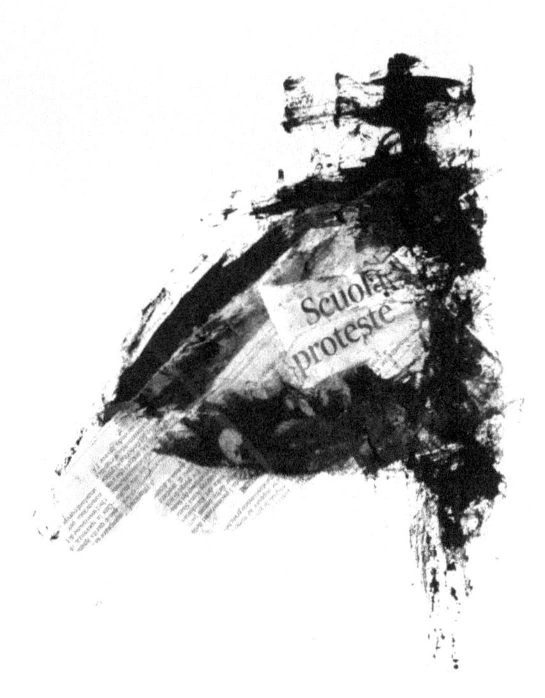
Scuola
proteste

Decadenza,

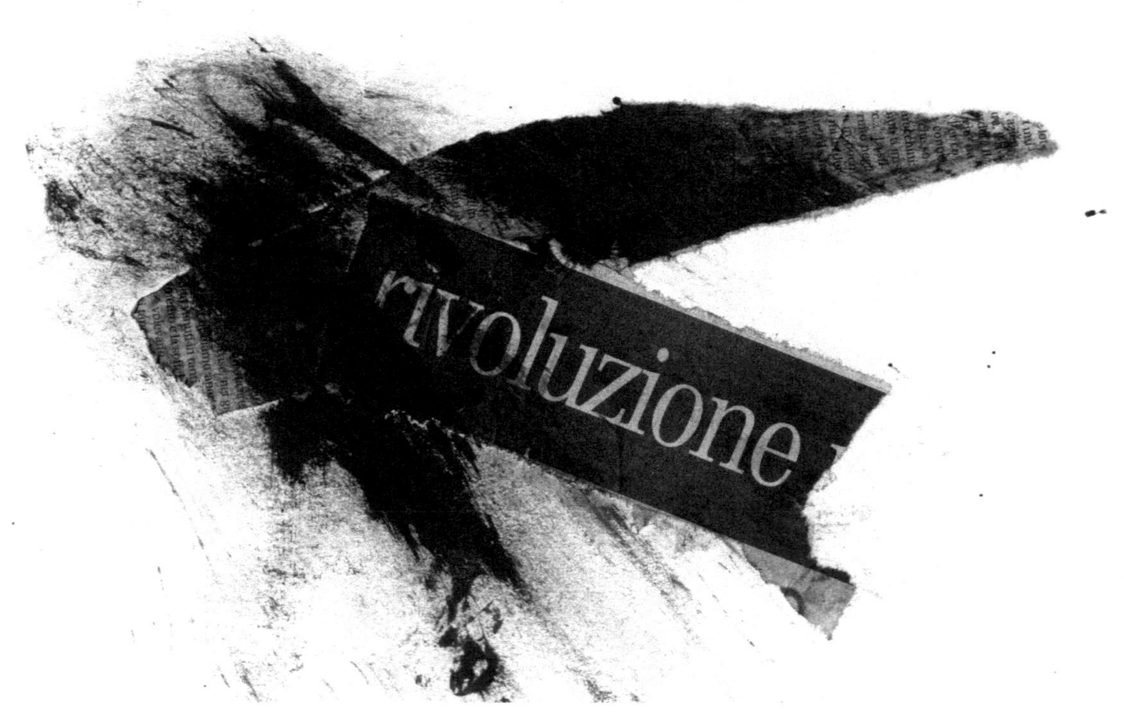
rivoluzione

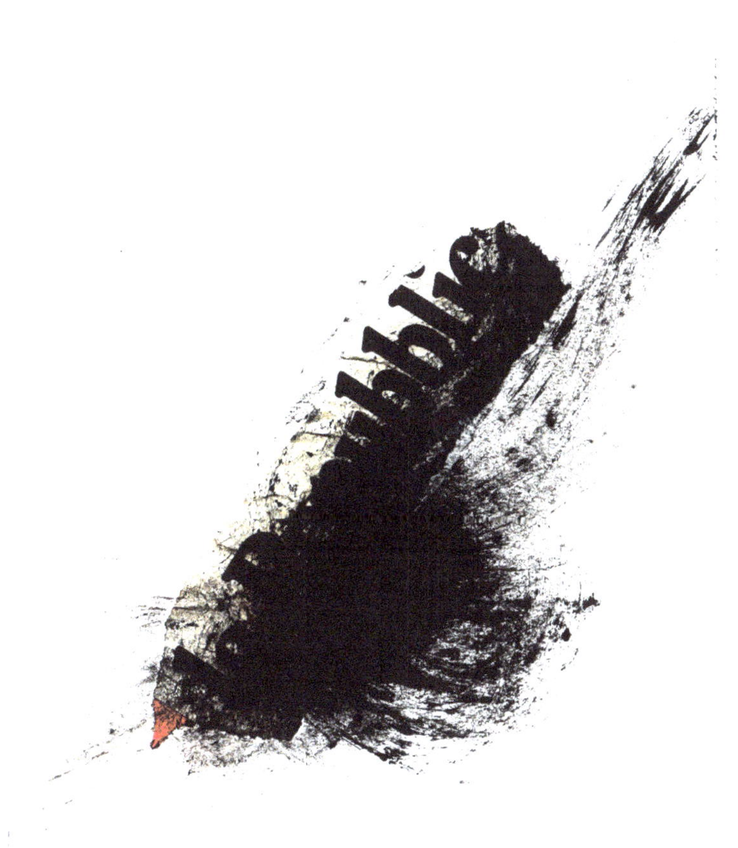

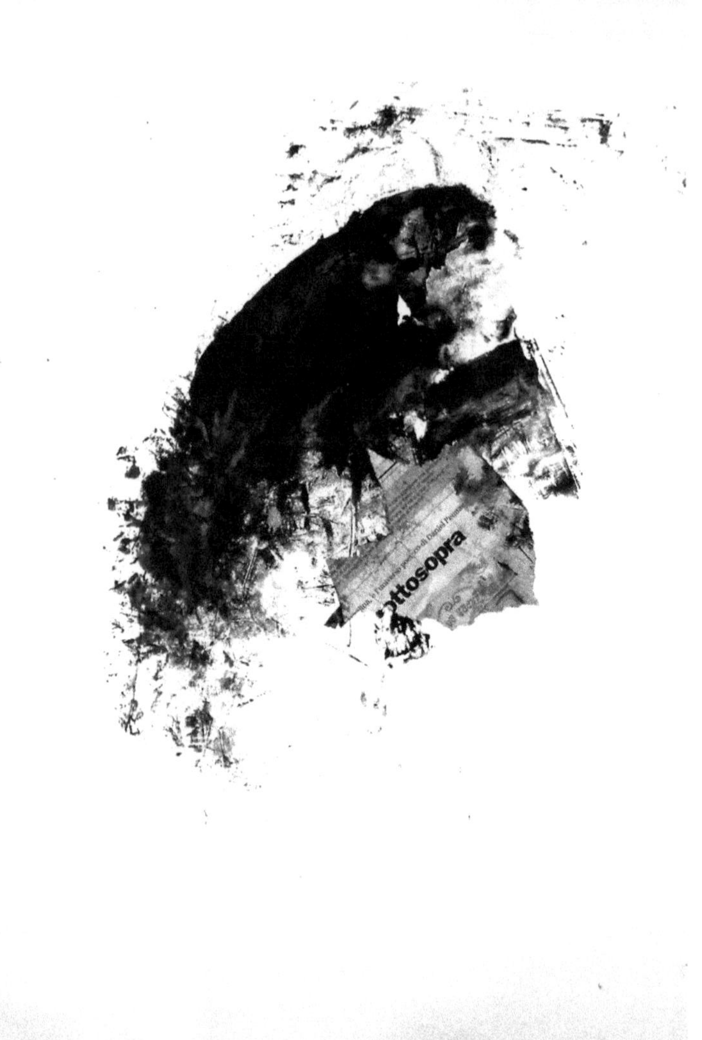
ottosopra

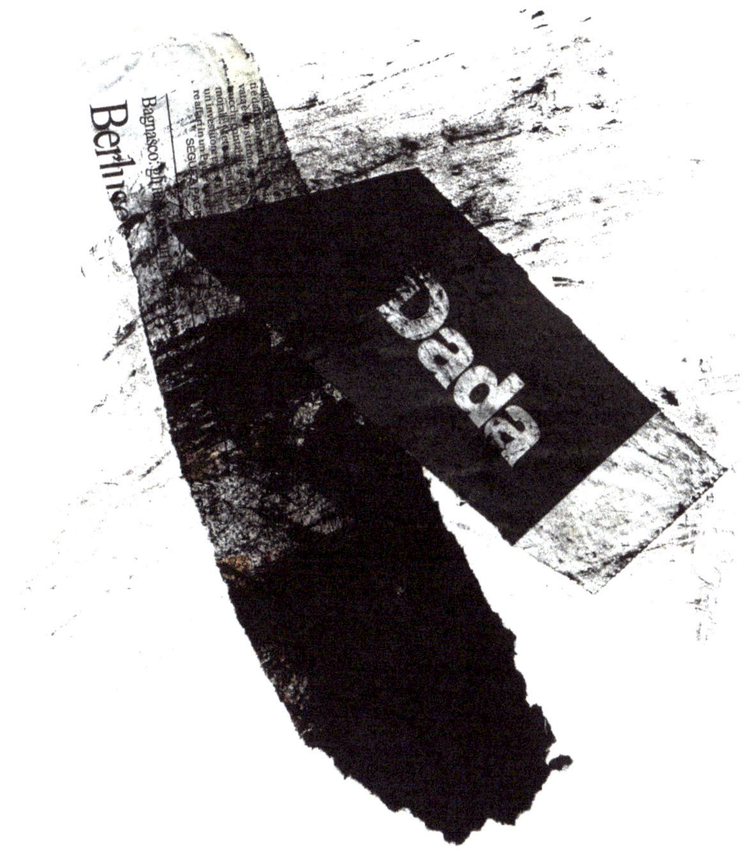

Dada

Rivoluzione

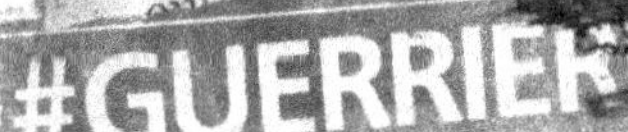
#GUERRIE

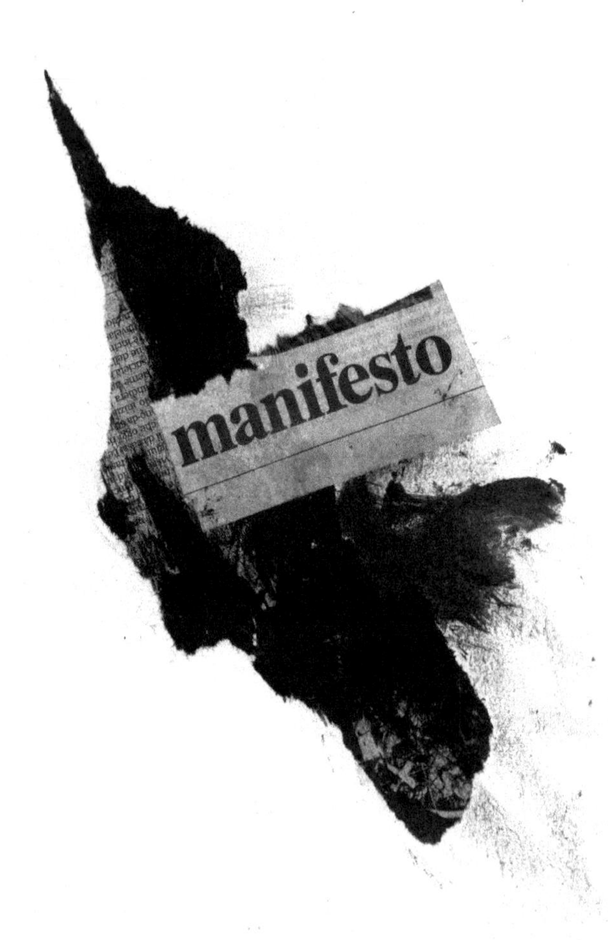
manifesto

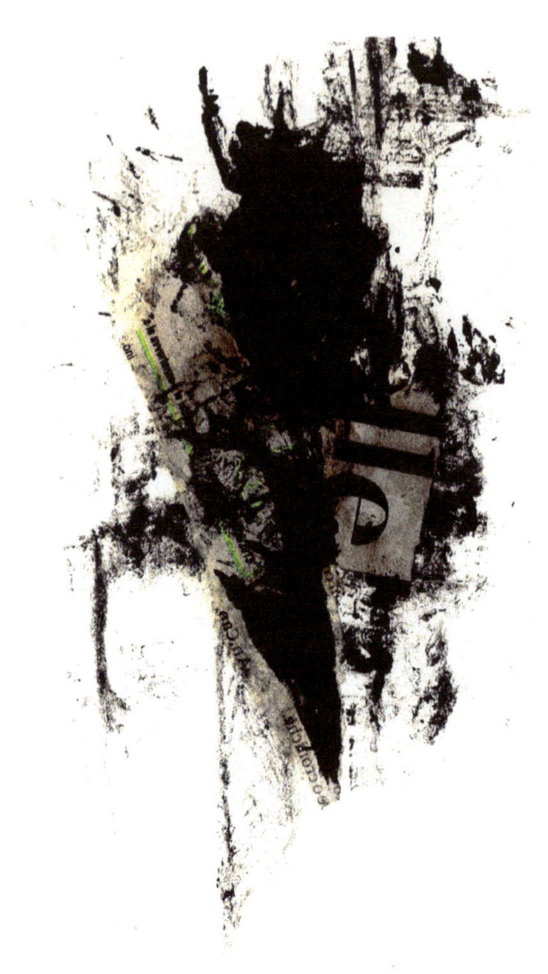

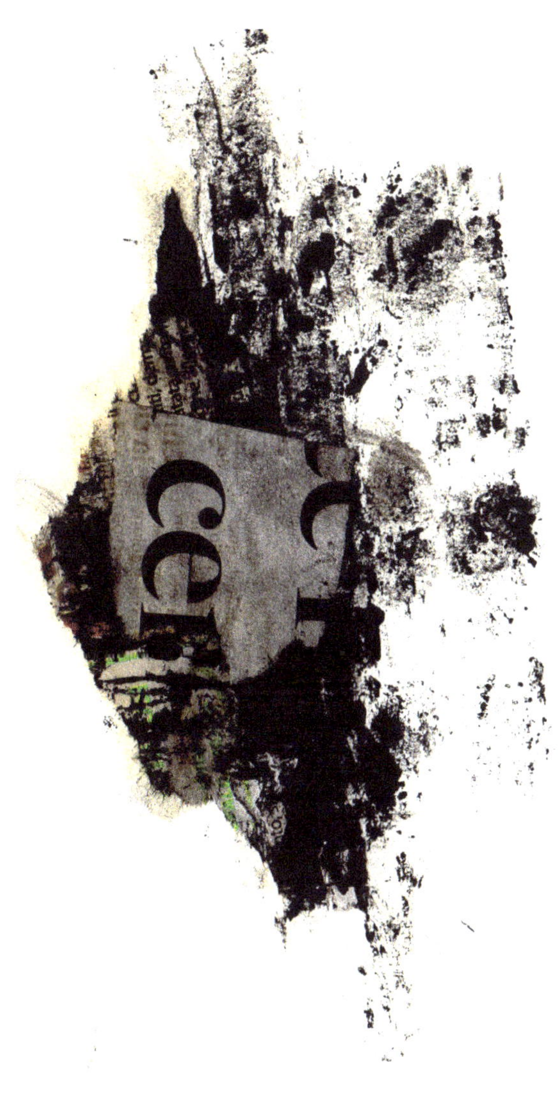

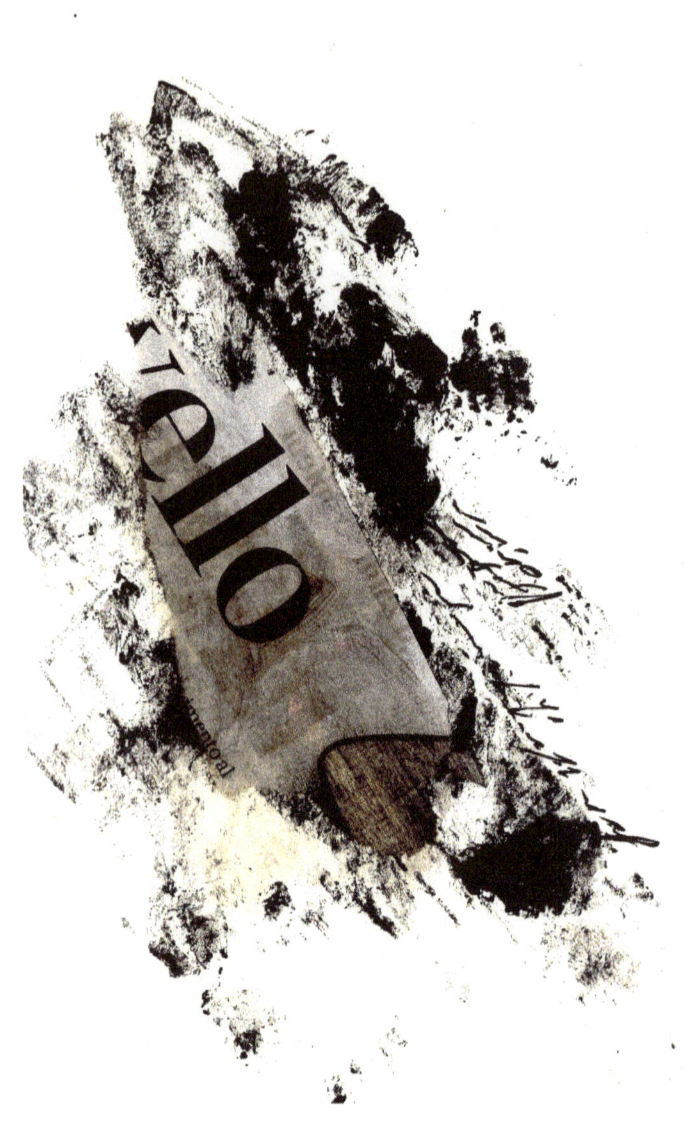

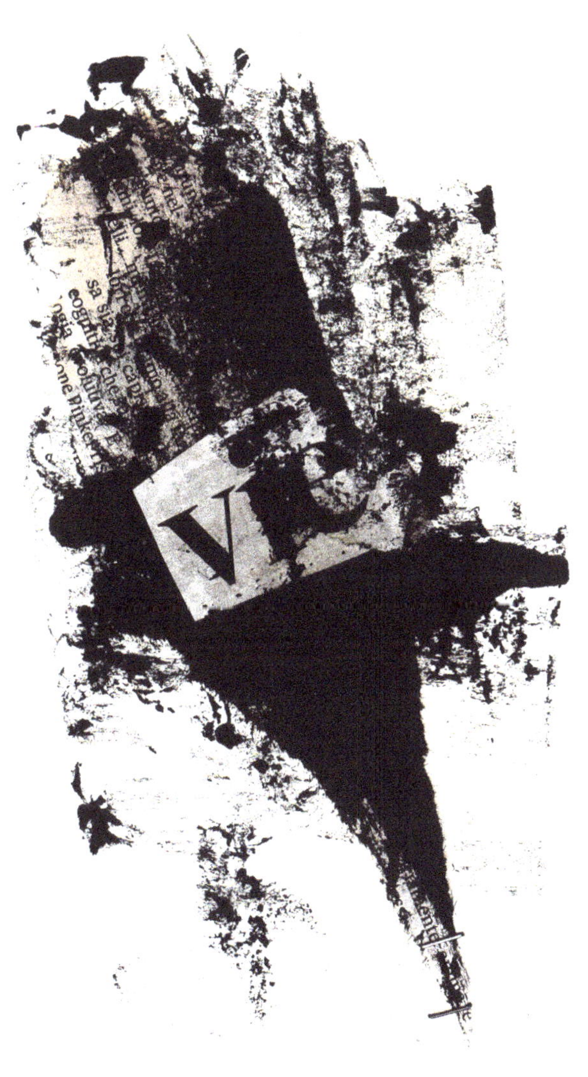

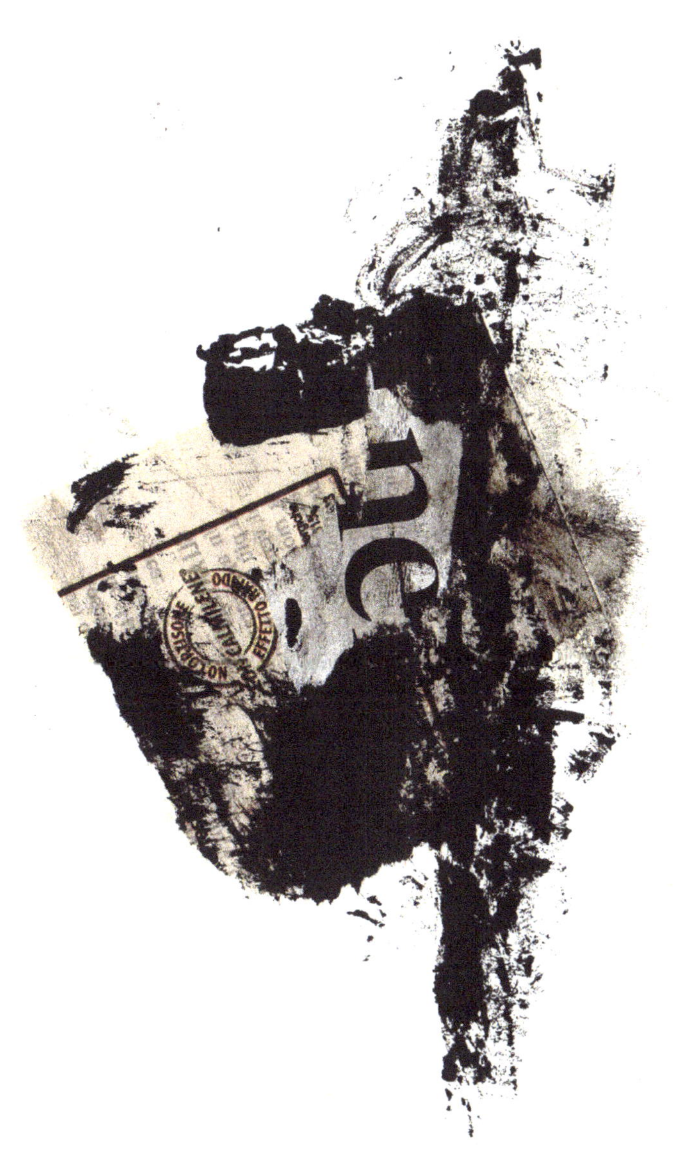

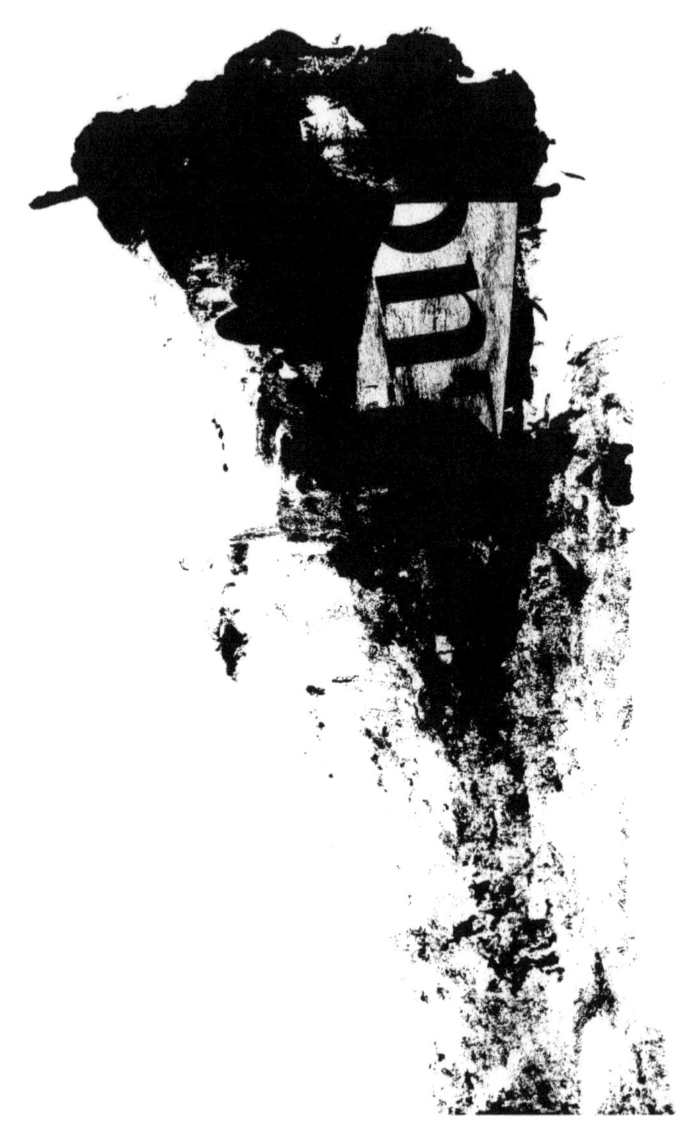

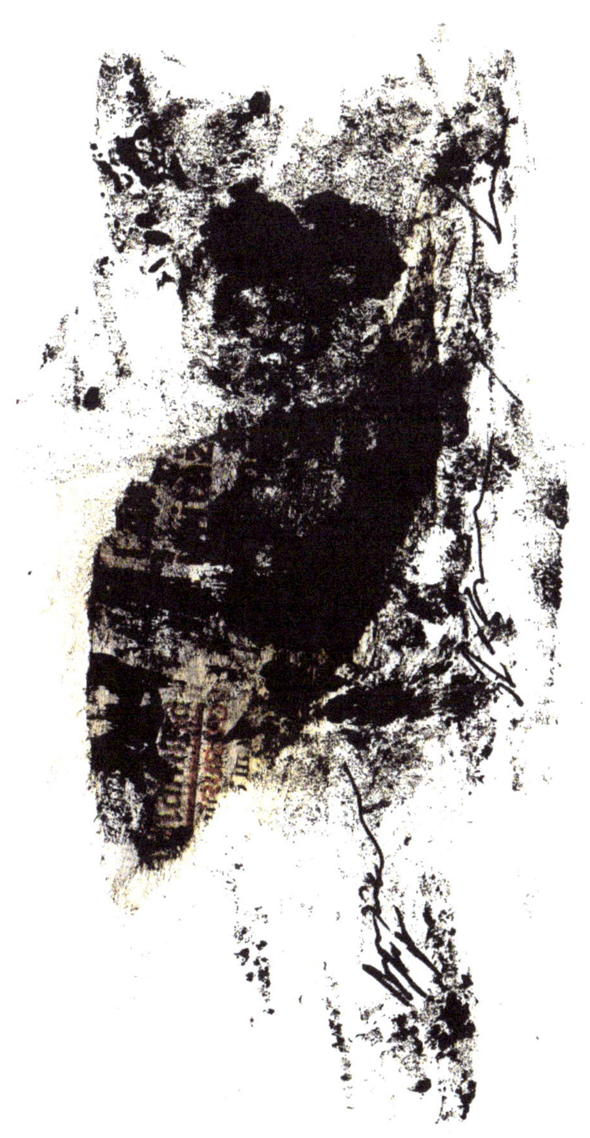

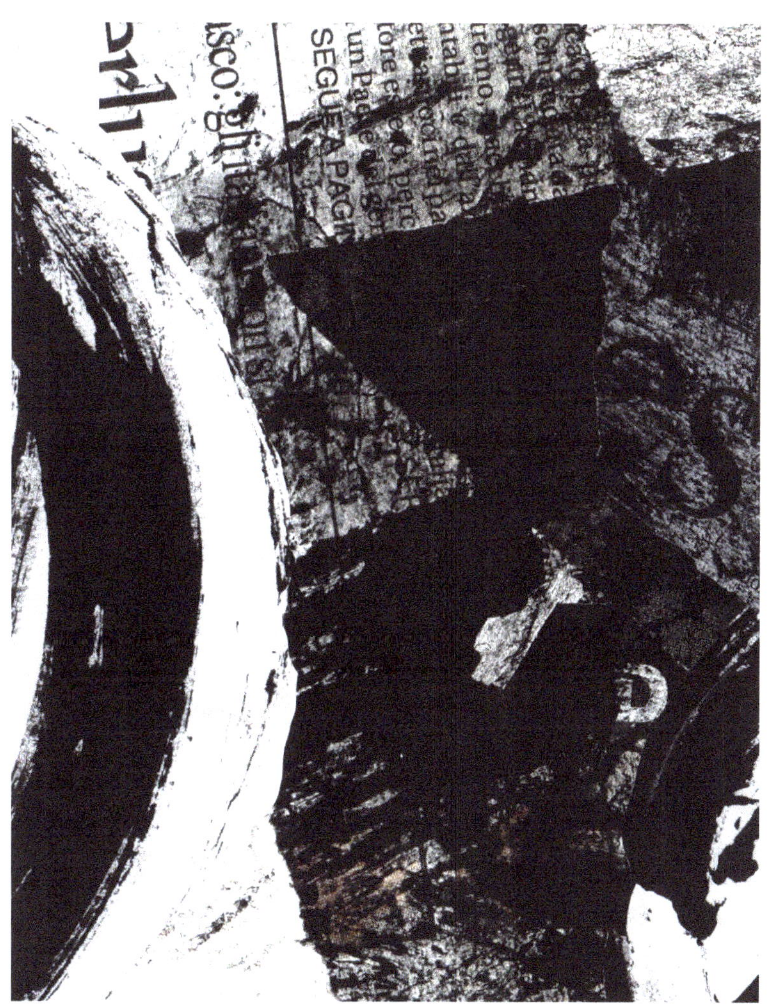

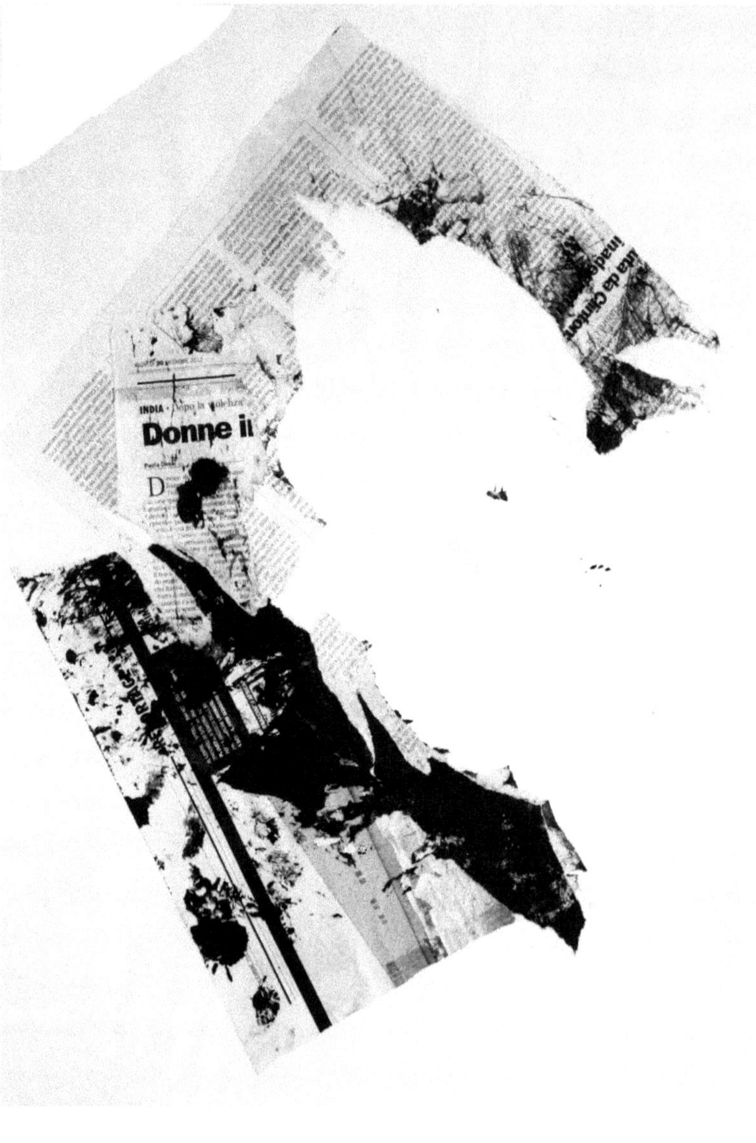
INDIA
Donne il

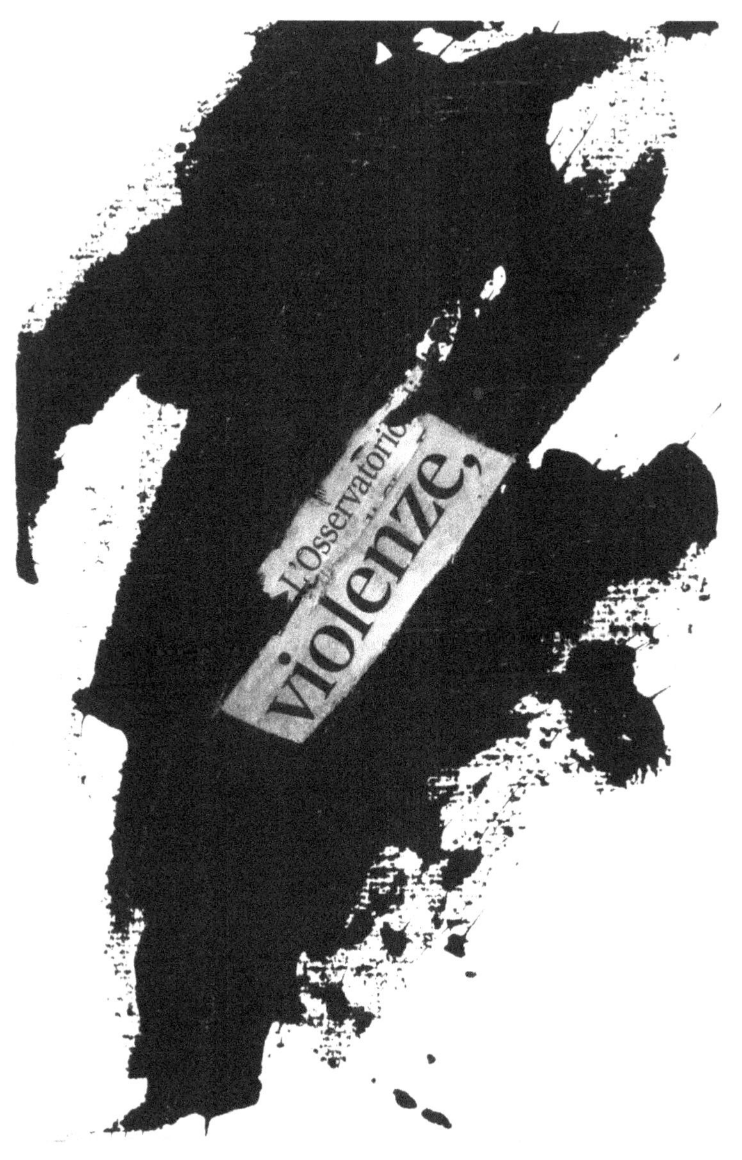
L'Osservatori
violenze,

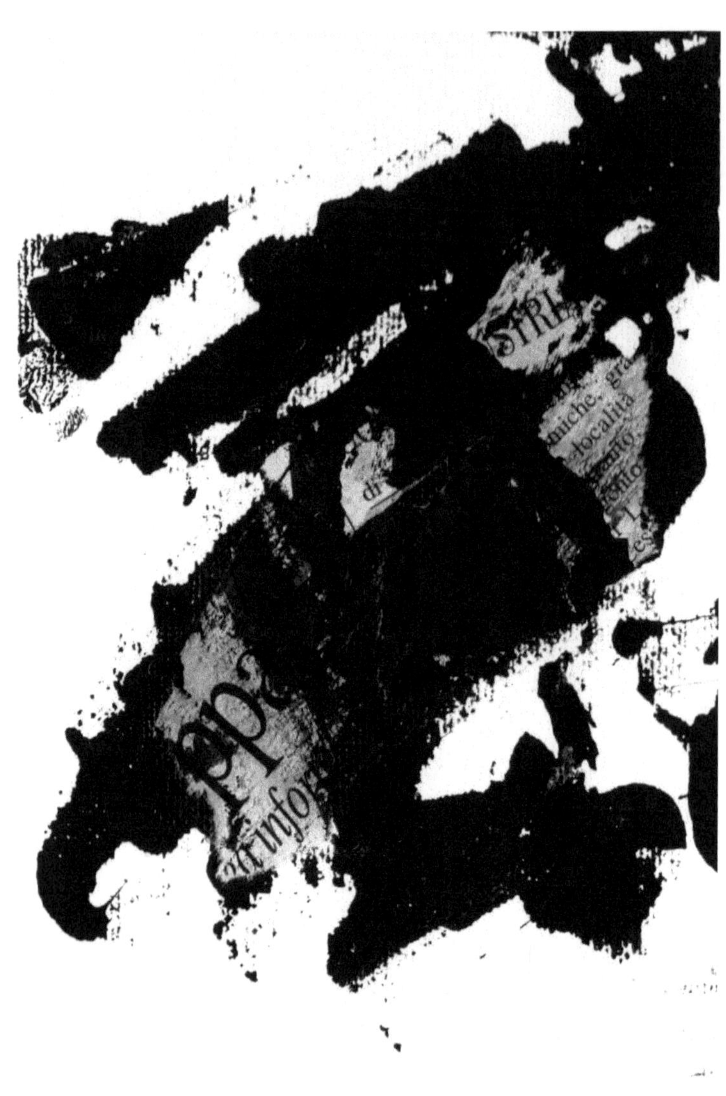

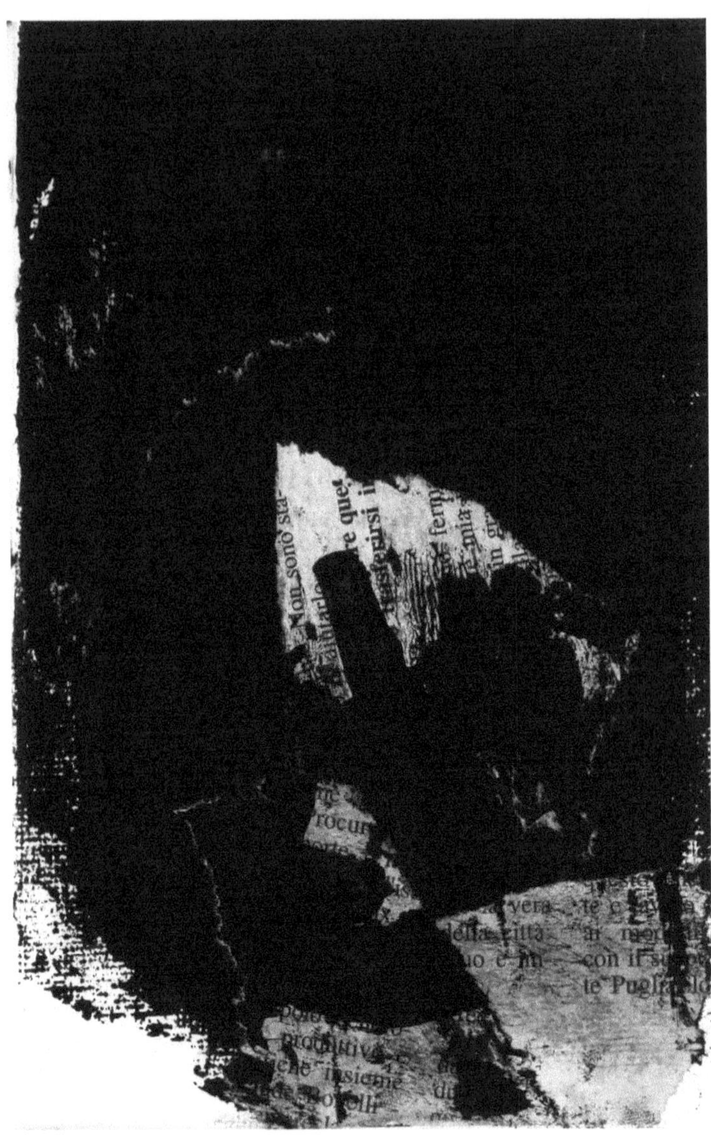

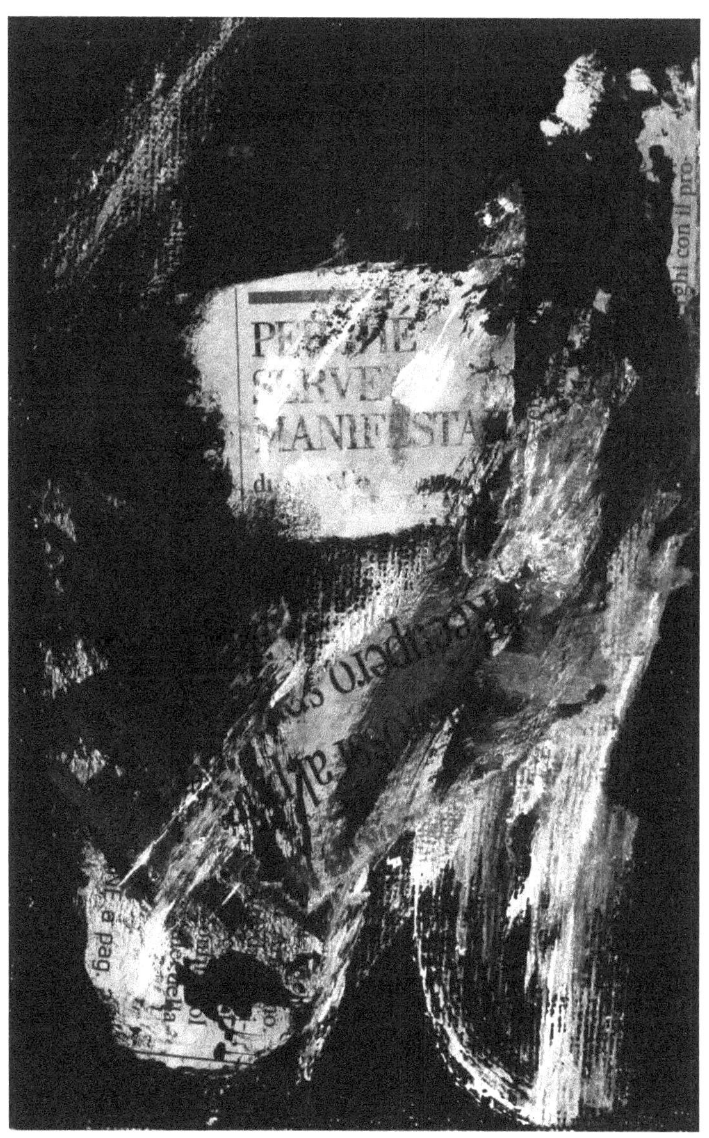

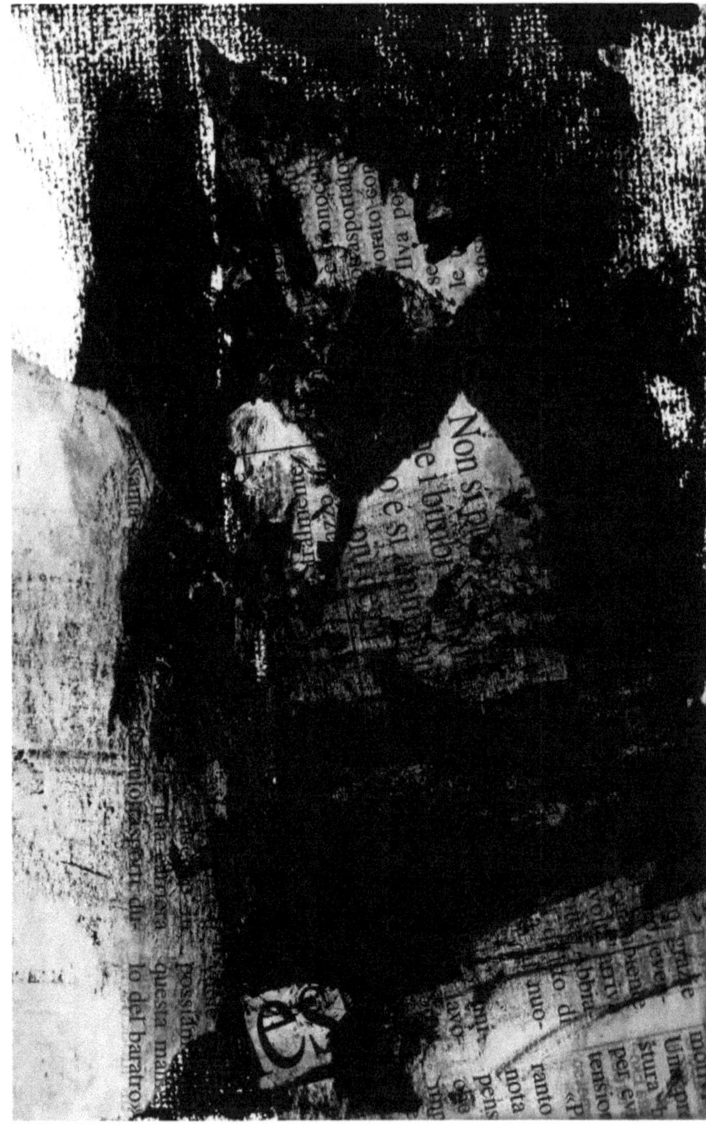

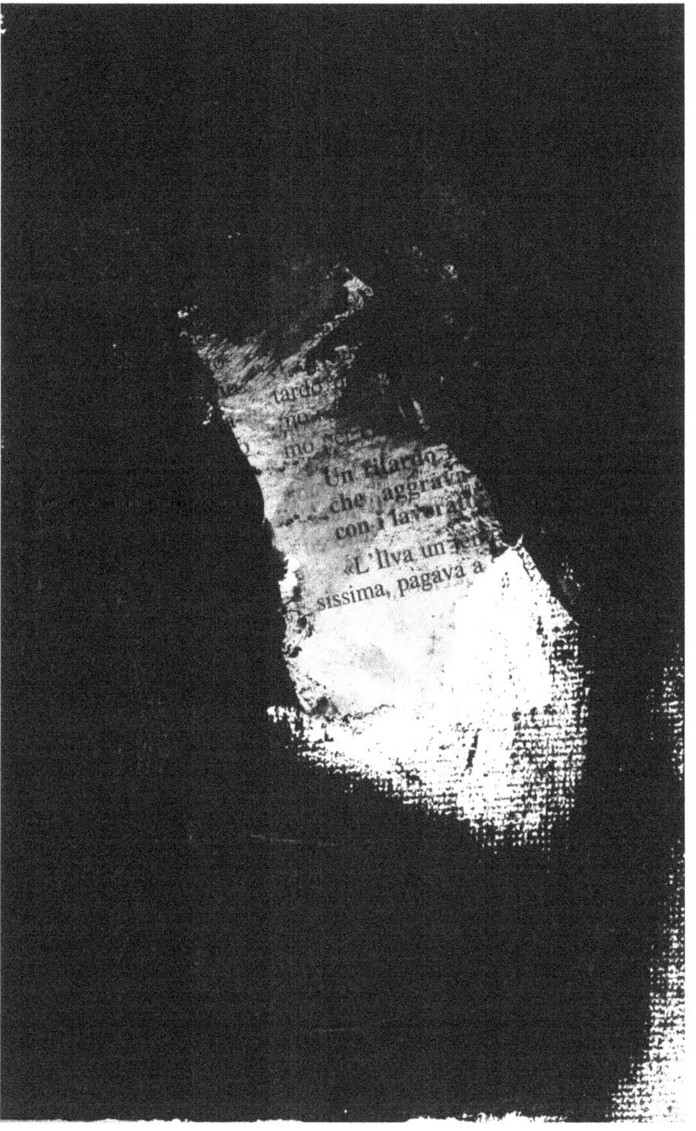
«L'Ilva un
sissima, pagava a
con i

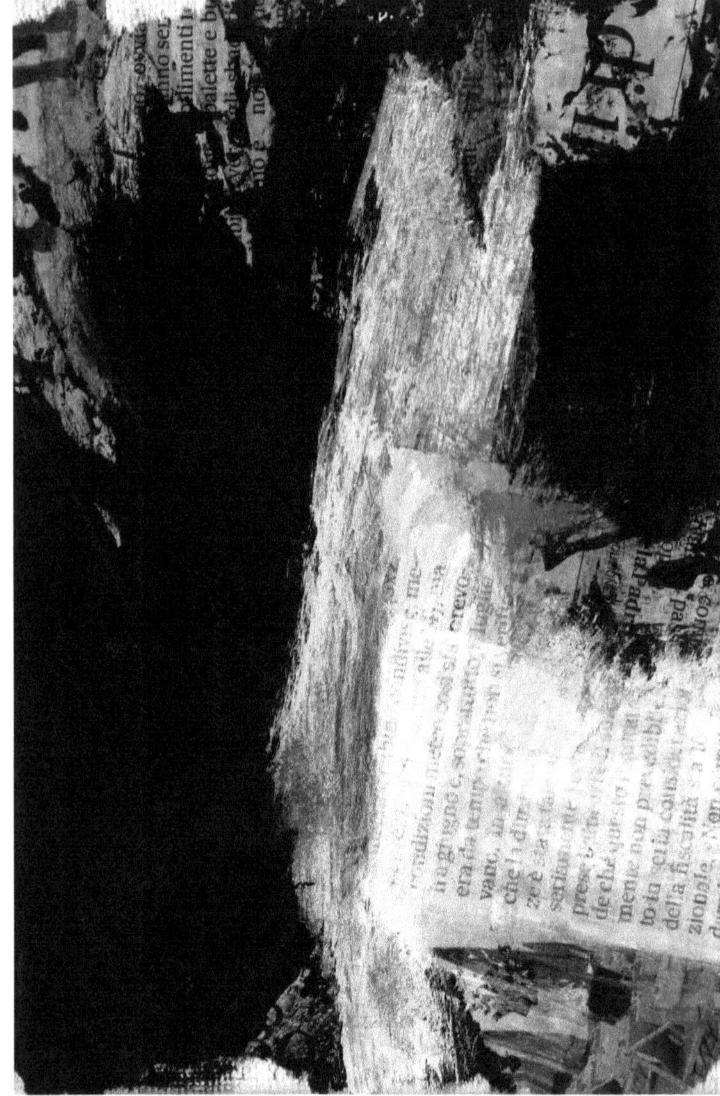

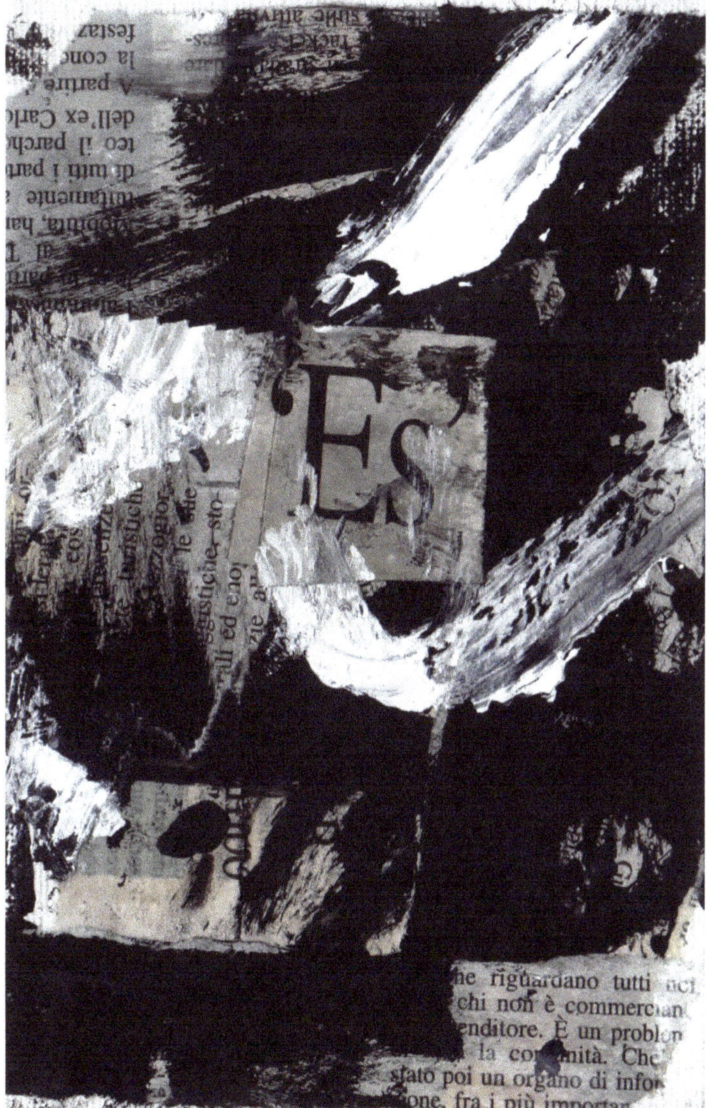
Es
he riguardano tutti
chi non è commercian
enditore. È un problem
la comunità. Che
stato poi un organo di infor

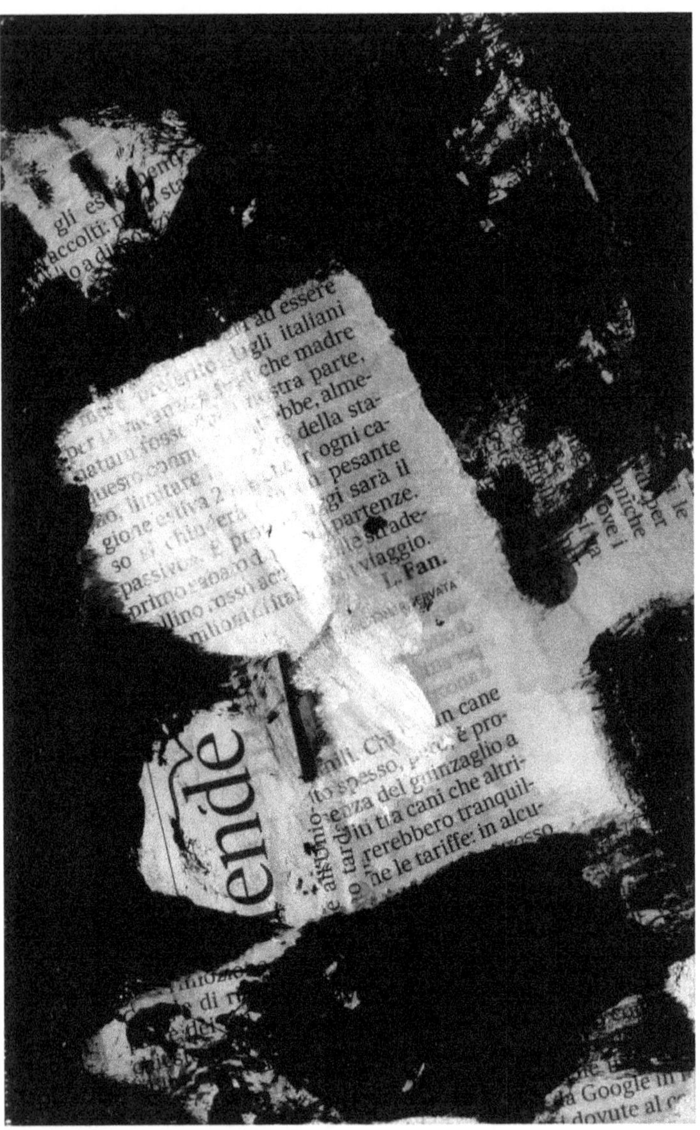
ad essere
gli italiani
che madre
stra parte,
bbe, alme-
della sta-
ogni ca-
pesante
sarà il
partenze.
viaggio.
L. Fan.
in cane
è pro-
spesso,
enza del guinzaglio a
tra cani che altri-
rerebbero tranquil-
he le tariffe: in alcu-
Google
dovute al

ENTRE TRAZOS, GIROS, fugas, travesías, superposiciones, tachaduras y emborronamientos, la escritura poética de Francesco Aprile respira, sobrevive, se manifiesta. Escritura salpicada de palabras aisladas, de palabras-isla, supervivientes a una gran catástrofe escrita y dispuestas en desequilibrio móvil o medio ahogadas, provistas de su propio hálito y de su propio hilo de voz.

Un mar de trazos vibra, se mueve y vive su propia vida, velozmente, dando forma a una caligrafía de voces múltiples que susurran, gritan, dan alaridos o insisten en realizar una y otra vez el mismo recorrido, hasta marcar un surco o una hendedura en el soporte del papel.

La escritura de Francesco Aprile es un caligrama en el que las palabras casi han desaparecido, substituidas por trozos de vida que cabalgan sobre sí mismos. Aprile arrastra, golpea, araña, esquiva, fagocita y huye, unas veces con rapidez y otras con cierta pereza, de un territorio donde muestra y expone la pulsión inacabada de su propio cuerpo. Escritura rítmica. Poesía para los ojos. Poesía visiva que vocea con todos los lenguajes a la vez entre caricias, murmullos y afonías que caminan de la mano hasta perderse en su propia desaparición, habitantes de un ideograma múltiple suspendido en el blanco. El habla ha estallado en trozos, repleto de vida.

– Bartolomé Ferrando

Aprile's writing breathes, survives and is manifested, among dashes, curves, losses, cruises, overlays, erasures and smudges, smears. A writing dotted with isolated words, they resist to a great catastrophe, arranged in imbalance, moving, equipped with their own breath, their own voice.

A sea of vibrating lines, moves and lives its own life, quickly, shaping a calligraphy of multiple voices whispering, shouting, screaming, or insisting in following the same route over and over again, to make a groove or a slot in the paper support.

Francesco Aprile's writing is a calligram in which the words have almost disappeared, replaced by stretches of life that run by themselves. Aprile drags, hits, spiders, dodges, phagocytes, and flees, sometimes quickly, sometimes with a certain laziness, out of an area where he shows the drive and exposes the unfinished pulsion of his own body. Rhythmic writing. Poetry for the eyes. Visual poetry that speaks in all languages at once between caresses, whispers, and unsounds that walk hand in hand away into their own disappearance, inhabitants of a multiple ideogram suspended on white. Speech has broken into pieces, full of life.

– Bartolomé Ferrando

MANIFESTO: LA POESIA VISIVA COME RESPONSABILITÀ INTERPRETATIVA. *Manifesto* è il riflesso nervoso del linguaggio privo di controllo ma non di un obiettivo, perché inaspettatamente sfiora la reazione per convertire la muta interpretazione in boato della coscienza. L'utente fluisce nel labirinto poetico che si genera dalle matrici dell'opera, dove la confusa solitudine dell'azione verbale si fissa nell'obolo pragmatico. Le mura dell'intrigo poetico trasudano diamanti asemici, essi si incastonano nelle armature galvanizzate dei fonemi-opliti occupati nella preparazione dell'assedio finale: è il momento di scegliere da che parte guerreggiare, perché l'efferatezza del simbolo è guerra visiva. La poiesi di Francesco Aprile si esprime nel pieno controllo del proprio mezzo poetico-visivo e non risparmia il fruitore: una sfida si staglia inesorabile, dall'individualità delle singole opere fino alla loro totale fruizione e ad essa non si può venire meno. La sfida si compone della scelta fra l'egocentrismo della parola e il capovolgimento del fronte semantico contro la storia, dacché quest'ultima è lo strumento devoto ad una società assente e avvizzita. La chiave di volta di una società dove il luogo comune è continuamente nutrito è l'ordine-archetipo. Esso si mescola alle coscienze incoscienti per frastornare l'essere mediante i suoi storici fumi velenosi. Così, in un retroscena ammorbato da tali fenomeni, come si può pretendere ordine se non tramite la cristallizzazione del linguaggio e la conseguente opacizzazione della sua sostanza per rendere poco probabile una nuova interpretazione? Il prodotto di questo processo è la sclerosi del simbolo. Tuttavia, qui, al linguaggio malconcio viene data la possibilità di rinvigorirsi ed è importante comprendere come *Manifesto* sia *responsabilità interpretativa* perché è il frutto di una ricerca definita dal resistere alla disfatta del linguaggio, al rintontimento e all'interpretazione simbolica monodirezionale, ossia la sclerosi del segno. La *responsabilità che mira a interpretare,* cui richiama il complesso delle opere, si attua tramite la restituzione di freschezza, novità e coscienza al *materiale* che permette l'interpretazione del simbolo. È un atto di non sola responsabilità, ma di cognizione, poiché la decalcificazione del bacino dal quale si attinge il materiale concede di penetrare facilmente fra i molteplici piani artistici sui quali l'opera si innesta, per assorbire la conoscenze non tanto delle fattezze dell'oggetto artistico, ma quelle che da esso derivano. La scelta fra l'egocentrismo della parola e il capovolgimento del fronte semantico si fa urgente, a dir poco necessaria, da quel nero crespo che pare inghiottire l'opera e che genera l'essenziale miscellanea scelta-verbo-visiva. *Manifesto* è l'istinto di sopravvivenza che preme a non soccombere, per eclissare il linguaggio accessorio e, infiammati dalla poiesi, accostarsi all'esalazione semantica e pregarne la morte. Solo dalle ceneri semantiche è possibile la nascita di quell'interpretazione responsabile (che permette di carpire l'infinità degli oggetti poetici) a cui richiama il complesso delle produzioni.

– Cristiano Caggiula

Manifesto: visual poetry as interpretative responsibility. *Manifesto* is the nervous reflection of language out of control but not of an objective, because it unexpectedly touches the reaction to convert the mute interpretation into a roar of consciousness. The user flows into the poetic labyrinth that is generated by the matrices of the work, where the confused solitude of the verbal action is fixed in the pragmatic obol. The walls of poetic intrigue exude asemic diamonds, they are embedded in the galvanized armor of phonemes-hoplites, busy with the preparation of the final siege: it is time to choose which side to fight on, because the cruelty of the symbol is visual war. The poiesis of Francesco Aprile is expressed in full control of its own poetic-visual means and does not spare the viewer: an inexorable challenge, from the individuality of each work up to their full fruition and it cannot be less. The challenge consists in the choice between the egocentrism of the word and the reversal of the semantic front against history, since the latter is the instrument devoted to an absent society withered away. The keystone of a society where the commonplace is continuously nourished is the order-archetype. It mixes with the unconscious minds so as to daze being with its historic poisonous fumes. So, in a backstage tainted by these phenomena, how can you expect order, if not through the crystallization of language and the consequent opacification of its substance to render a novel interpretation unlikely? The product of this process is the sclerosis of the symbol. However, here, the battered language is given the opportunity to reinvigorate itself and it is important to understand how the *Manifesto* is *the interpretative responsibility,* because it is the result of research defined by *resisting the defeat of language,* reobfuscation and monodirectional symbolic interpretation, i.e. the sclerosis of the sign. The *responsibility that seeks to interpret,* which refers to the complex of works, is carried out through the return of freshness, novelty, and consciousness to the *material* that allows the interpretation of the symbol. It is not only an act of responsibility, but of cognition, since the decalcification of the basin from which it draws its material allows for easy penetration between the multiple levels on which the work of art engages, not so much to absorb the knowledge of the features of art object, but those that derive from it. The choice between the egocentrism of the word and the overturning of the semantic front becomes urgent, to say a little necessary, from that black crepe that seems to swallow up the work and generate the essential optional-verbal-visual miscellany. *Manifesto* is the survival instinct that presses not to succumb, in order to eclipse subsidiary language, and, inflamed by poiesis, to approach semantic exhalation and beg us for death. Only from the semantic ashes the birth of such a responsible interpretation (which allows for the capture of the infinity of poetic objects) from which the complex of production draws, is possible.

– Cristiano Caggiula

www.ingramcontent.com/pod-product-compliance
Lightning Source LLC
LaVergne TN
LVHW052355100826
845147LV00013B/850

* 9 7 8 9 4 9 1 9 1 4 0 2 7 *